Child Prodigy Composers
Wunderkinder als Komponisten
Quand les enfants prodiges sont compositeurs
Csodagyermek-zeneszerzők

for piano • für Klavier • pour piano • zongorára

Selected and edited by • Ausgewählt und herausgegeben von
Choisi et édité par • Válogatta és közreadja

PÉTERI Judit

EDITIO MUSICA BUDAPEST

Universal Music Publishing Editio Musica Budapest Ltd
H-1370 Budapest, P.O.B. 322 • Tel.: (361) 236-1100 • Telefax: (361) 236-1101
E-mail: emb@emb.hu • Internet: http://www.emb.hu

Child Prodigy
Composers

Wunderkinder
als Komponisten

Quand les enfans
prodiges sont
compositeurs

Csodagyermek-
zeneszerzők

Ferenc Liszt

at the age of 12 / als 12-Jähriger /
l'age de 12 ans / 12 éves korában

(W. L. von Lütgendorff)

W. A. Mozart

at the age of 7 / als 7-Jähriger /
l'age de 7 ans / 7 éves korában

*(probably by P. A. Lorenzoni /
warscheinlich von P. A. Loren-
zoni / peint probablement par
P. A. Lorenzoni / valószínűleg
P. A. Lorenzoni festménye)*

The young / Der junge /
Le jeune homme / Az ifjú
Richard Strauss

Allegedly / Angeblich / Állítólag
Ludwig van Beethoven

at the age of 13 / als 13-Jähriger/
l'age de 13 ans / 13 éves korában

*(by an unknown painter /
von einem unbekannten Maler /
d'un peintre inconnu /
ismeretlen festő műve)*

The young / Der junge /
Le jeune homme / Az ifjú
Pyotr Ilyich Tchaikovsky

F. Mendelssohn-Bartholdy

at the age of 12 / als 12-Jähriger /
l'age de 12 ans / 12 éves korában

(C. J. Begas)

Béla Bartók

at the age of 14 / als 14-Jähriger /
l'age de 14 ans / 14 éves korában

CONTENTS – INHALT – TABLE – TARTALOM

FOREWORD

Many great musicians started out as child prodigies, but in many cases their works written in childhood are unknown to us – either because in the course of time these works have been lost, or because later the composers destroyed them (as did, for example, Johannes Brahms and Dmitry Shostakovich). The pieces that feature in this volume include some surprisingly mature ones with an individual character; some speak the common musical language of their day faultlessly, and some are experimental compositions that seek challenges and are therefore perhaps not perfect in every detail. In most cases the composer's characteristic later style has not yet developed and thus, just as with most of the portraits on the title-page it is difficult to determine whom they represent, so with most of the pieces we are unlikely to guess who was the composer.

The most celebrated child prodigy in the history of music was **Wolfgang Amadeus Mozart**, whose extraordinary talent from the age of six was admired by kings. Between 1762 and 1773 he travelled all over Europe, from Munich to Paris, from London to Milan, together with his father, the famous violin teacher and composer Leopold Mozart. To begin with, his father noted down in a music manuscript notebook his son's first little pieces, and carefully recorded their date and place of composition. In the second of these notebooks it was the eight-year-old Mozart himself who wrote out his new works composed during his tour to London in 1764 (including No. 9 in this volume, *Contredanse*, and No. 10, *Allegro*).

At the age of thirteen **Ludwig van Beethoven** had already published demanding three-movement sonatas which he dedicated to the Elector of Cologne and which are therefore known as the "Elector sonatas". The *Scherzando* is the third movement of Sonata No. 3 in D major.

Felix Mendelssohn-Bartholdy's D major variations are based on a D major and a D minor theme (Joseph Haydn particularly favoured this form of variation with two themes). From the age of ten the young composer was taught composition by Carl Friedrich Zelter, who introduced him to the works of J. S. Bach and the craft of polyphonic composition. Thus even among his childhood pieces there are many fugues and canons, and the D major variations are permeated with the polyphonic way of thinking (especially in the sections in the minor key).

The surviving childhood works of **Franz Liszt** already reveal the piano virtuoso and composer's extraordinary technical knowledge. The only exception is the easy little A major waltz, reminiscent of Schubert.

The two polonaises by **Fryderyk Chopin** included in this volume are the composer's two earliest works for piano; he is alleged to have written them at the age of seven.

The only surviving piano piece written in his childhood by **Pyotr Ilyich Tchaikovsky** is the *Anastasia waltz*, which dates from a family summer holiday in Oranienburg. The lady referred to in the title was Anastasia Petrova, the Tchaikovsky children's governess.

Richard Strauss, the late Romantic Austrian composer who became famous for his operas and symphonic poems, also wrote many piano works in his youth. This volume includes four dances by him (a polka and three ländler), and two other short pieces that reveal the influence of Schumann.

Béla Bartók's childhood works were written down by his mother in several music manuscript notebooks. All of those compositions remained unpublished: the four pieces to be found here are appearing now in print for the first time. The interesting feature of the *Changeable piece* is that it begins in C major and finishes in A minor; the title may refer to this change of key, but it is also conceivable that after the A minor section the C major section returns. The *Gabi Polka* was written for Gabriella Lator, the Bartóks' Nagyszőllős neighbours' eldest daughter, who was a close friend of Bartók. The *Lajos Walczer* was dedicated to Lajos Rónay, editor of a privately produced newspaper in Beszterce.

The titles and the performing instructions given in square brackets, and the *ossia*s (generally technical simplifications) to be found in the footnotes are the editor's suggestions.

Judit Péteri

VORWORT

Viele große Musiker begannen ihre Laufbahn als Wunderkinder, aber nicht von allen kennen wir die Werke aus ihrer Kinderzeit. Entweder gingen sie mit der Zeit verloren, oder sie wurden später vom Komponisten vernichtet (so geschehen z. B. bei Johannes Brahms und Dmitri Schostakowitsch). Unter den Werken in diesem Band kommen verblüffend reife, im Stil eigenständige oder die musikalische Sprache der Zeit perfekt sprechende aber auch experimentierende Kompositionen vor, die sich Herausforderungen stellen und deswegen vielleicht nicht in allen Details perfekt sind. In den meisten Fällen ist der spätere, für den Komponisten charakteristische eigene Stil noch nicht entwickelt, deshalb fällt uns ebenso schwer zu erraten, wen die Portraits auf dem Deckblatt darstellen, wie festzustellen, von welchem Komponist das jeweilige Stück in der Sammlung einst geschrieben wurde.

Das bekannteste Wunderkind der Musikgeschichte war **Wolfgang Amadeus Mozart**, dessen Talent ab seinem sechsten Lebensjahr selbst von Königen bewundert wurde. In den Jahren 1762 bis 1773 bereiste er mit seinem Vater, dem berühmten Violinlehrer und Komponisten Leopold Mozart, von München bis Paris, von London bis Mailand ganz Europa. Anfangs notierte sein Vater die ersten Stücke seines Sohnes in einem Notenheft. Er vermerkte sorgfältig auch den Ort und das Datum der Komposition. Im zweiten Heft notierte der achtjährige Mozart schon selbst die während der Londoner Reise 1764 entstandenen neuen Werke (aus diesem stammen in diesem Band der mit Nummer 9 versehene Kontretanz und mit Nr. 10 das *Allegro*).

Ludwig van Beethoven ließ mit dreizehn Jahren schon anspruchsvolle dreisätzige Sonaten in Druck erscheinen, welche er dem Kölner Kurfürst widmete und die wir deswegen als „Kurfürsten-Sonaten" kennen. Das *Scherzando* ist der dritte Satz der 3. Sonate in D-Dur.

Die Variationen in D-Dur von **Felix Mendelssohn-Bartholdy** wurden über ein D-Dur- und ein d-Moll-Thema komponiert. (Joseph Haydn liebte besonders diese Variationsform mit zwei Themen.) Ab dem zehnten Lebensjahr wurde der junge Tonkünstler von Carl Friedrich Zelter in Komposition unterrichtet, der ihn mit den Werken J. S. Bachs und mit den Finessen der polyphonen Kompositionstechnik bekannt machte. Deshalb finden wir auch schon unter seinen Kindheitsstücken viele Fugen und Kanons, auch die Variation in D-Dur (besonders die Moll-Teile) sind von der polyphonen Denkweise durchdrungen.

Auch bei den erhalten gebliebenen Kindheitswerken von **Franz Liszt** zeigen sich die ganz außergewöhnlichen technischen Fähigkeiten des Klaviervirtuosen. Die einzige Ausnahme bildet der kleine, an Schubert erinnernde, leichte Walzer in A-Dur.

Die beiden Polonaisen **Fryderyk Chopins**, die in unserem Band aufgenommen wurden, sind die zwei frühesten erhalten gebliebenen Klavierwerke des Komponisten, angeblich wurden sie im Alter von sieben Jahren geschrieben.

Das einzige erhalten gebliebene Kindheitsklavierwerk von **Pjotr Iljitsch Tschaikowski** ist der Anastasia-Walzer. Dieser entstand anlässlich eines Familienurlaubs in Oranienburg. Anastasia Petrowa war das Kindermädchen der Tschaikowski-Kinder.

Der wegen seiner Opern und symphonischer Dichtungen berühmt gewordene, spätromantische österreichische Komponist **Richard Strauss** komponierte in seinen jungen Jahren auch zahlreiche Klavierwerke. Neben vier Tänzen (einer Polka und drei Ländlern) bekamen in diesem Band zwei kurze Stücke Platz, die den Einfluss Schumanns deutlich machen.

Die Kindheitswerke **Béla Bartóks** wurden von seiner Mutter in mehreren Notenheften notiert. Keine dieser Kompositionen wurden bisher veröffentlicht, die hier publizierten vier Stücke erscheinen hier das erste Mal in Druck. Interessant am Werk *Veränderliches Stück* ist, dass es in C-Dur beginnt, aber in a-Moll endet. Wahrscheinlich verweist auch der Titel auf diesen Tonartwechsel. Es ist aber auch vorstellbar, dass hier eine Trio-Form vorliegt, also nach dem Moll-Teil C-Dur zurückkehrt. Die *Gabi Polka* wurde für Gabriella Lator, die älteste Tochter der Nachbarn der Bartóks in Nagyszőllős geschrieben, mit der Bartók eine enge Freundschaft verband. Der Adressant des *Lajos-Walzers* war Lajos Rónay, der Redakteur einer Hauszeitschrift in Beszterce.

In eckigen Klammern stehende Titel, Interpretationsinstruktionen und in den Fußnoten stehenden Ossien (im Allgemeinen technische Erleichterungen) sind Empfehlungen der Herausgeberin.

Judit Péteri

PRÉFACE

Beaucoup de grands musiciens commencèrent leur carrière en enfant prodige, mais il y en a plusieurs parmi eux dont on ne connaît pas les œuvres précoces, soit parce qu'elles ont disparu au bout d'un certain temps, soit parce qu'elles ont été détruites plus tard par leur compositeur (comme c'était le cas de Johannes Brahms ou de Dmitri Shostakovich par ex.). Parmi les morceaux de notre recueil il y a des compositions étonnamment mûres, déjà très personnelles ; certaines qui adoptent parfaitement le langage musical de l'époque ; d'autres par contre, cherchant à relever un défi, à faire des expériences ne peuvent pas être parfaites dans tous les détails. Dans la plupart des cas, le style du compositeur ne revêt pas encore le caractère définitif qui sera le sien plus tard ; de même qu'il nous est difficile de dire qui est représenté par tel ou tel portrait de la page de titre, ainsi serait-il difficile de deviner avec une certitude absolue qui a composé tel ou tel morceau.

L'enfant prodige le plus connu de l'histoire de la musique s'appelle **Wolfgang Amadeus Mozart** dont le talent extraordinaire fut admiré par des rois dès l'âge de six ans. Entre 1762 et 1773 il parcourut toute l'Europe de Munich à Paris, de Londres à Milan avec son père, le célèbre professeur de violon et compositeur Leopold Mozart. Au début, ce fut son père qui notait dans un cahier de musique les premiers petits morceaux de son fils en marquant soigneusement la date et le lieu de la composition. Quant au deuxième cahier, le petit Mozart âgé de 8 ans notait déjà de sa propre main les nouvelles compositions nées en 1764 durant le voyage de Londres (dont la *Contredanse* N° 9 et l'*Allegro* N° 10 de notre recueil).

Ludwig van Beethoven, dès l'âge de 13 ans publia des sonates difficiles, en trois mouvements, qu'il dédiait au prince électeur de Cologne, aussi les appelle-t-on de nos jours « Sonates du Prince électeur ». Le *Scherzando* est le 3e mouvement de la Sonate N° 3 en Ré-Majeur.

Les variations en Ré-Majeur de **Felix Mendelssohn-Bartholdy** sont basées sur un thème en majeur et sur un thème en mineur. (Ce fut Joseph Haydn qui aimait particulièrement cette forme de variation à deux thèmes.) Dès l'âge de dix ans, le jeune compositeur fut initié à l'art de la composition par Carl Friedrich Zelter qui lui fit connaître les œuvres de J. S. Bach et les méandres de la polyphonie. C'est pourquoi même parmi ses morceaux précoces on trouve déjà tant de fugues et de canons ; et les variations en Ré-Majeur (spécialement les parties en mineur) sont également imprégnées de cette mentalité polyphonique.

Dans les œuvres de jeunesse de **Franz Liszt** qui sont parvenues jusqu'à nous on reconnaît déjà la technique extraordinaire du compositeur et pianiste virtuose. La seule exception est la petite valse facile en La-Majeur évoquant Franz Schubert.

Les deux Polonaises de **Frédéric Chopin** publiées dans ce recueil sont ses morceaux de piano les plus anciens, composés paraît-il, à l'âge de sept ans.

La *Anastasie-valse*, le seul morceau de piano d'enfance de **Piotr Ilitch Tchaïkovsky** parvenu jusqu'à nous, est née à Oranienburg, pendant des vacances familiales. Elle est dédiée à Anastasia Petrova, gouvernante des enfants Tchaïkovsky.

Richard Strauss, le compositeur autrichien post-romantique rendu célèbre par ses opéras et ses poèmes symphoniques écrivit aussi beaucoup de morceaux de piano dans sa jeunesse. Nous en publions quatre danses (une polka et trois danses tyroliennes) et deux courts morceaux composés sous l'influence de Schumann.

Ce fut la mère de **Béla Bartók** qui nota dans plusieurs cahiers de musique les morceaux d'enfance de son fils. Toutes ces compositions étaient jusqu'à présent inédites, c'est la première fois que ces quatre morceaux paraissent imprimés. Le *Morceau varié* a ceci de particulier qu'il commence en Do-Majeur et se termine en la-mineur ; il est probable que le titre fait allusion à cette "variaton" dans la tonalité. Mais on peut aussi imaginer qu'en fait il s'agit d'une forme de trio où le Do-Majeur revient après la partie en la-mineur. La *Gabi Polka* a été écrite pour Gabriella Lator, fille aînée des voisins de Nagyszőllős des Bartók, une amie de Béla Bartók. Le destinataire de *Lajos Walczer* n'est autre que Lajos Rónay, rédacteur d'un journal de Beszterce dont il fut auteur-éditeur.

Les titres et les modes d'interprétation entre crochets ainsi que les ossia en notes (en général pour faciliter l'exécution) sont des propositions de l'éditeur.

Judit Péteri

ELŐSZÓ

Sok nagy muzsikus indult csodagyermekként, ám nem mindegyiküknek ismerjük a gyermekkori műveit – vagy azért, mert ezek a művek az idők során elvesztek, vagy azért, mert később szerzőjük megsemmisítette őket (így tett például Johannes Brahms vagy Dmitrij Sosztakovics). A kötetünkben szereplő darabok között akad meglepően érett, egyéni hangú, akad a kor zenei köznyelvét hibátlanul beszélő, és akad kihívásokat kereső, kísérletező, s ezért talán nem minden részletében tökéletes kompozíció is. Az esetek többségében még nem alakult ki a komponista jellegzetes, későbbi stílusa, ezért, ahogyan a címlapképek legtöbbjéről is nehéz megállapítanunk, hogy kit is ábrázol, úgy a legtöbb darabnál is kevés eséllyel tippelhetnénk a szerzőre.

A zenetörténet leghíresebb csodagyermeke **Wolfgang Amadeus Mozart** volt, akinek rendkívüli tehetségét már hat éves korától kezdve királyok csodálták meg. 1762 és 1773 között Münchentől Párizsig, Londontól Milánóig egész Európát bejárta édesapjával, a híres hegedűtanár és zeneszerző Leopold Mozarttal. Kezdetben édesapja jegyezte be egy kottás füzetbe fia első kis darabjait, s gondosan felírta a komponálás helyét és idejét is. A második füzetbe a nyolc éves Mozart már saját kezűleg kottázta le az 1764-es londoni utazás során született új műveit (közülük való a kötetünkben 9. számú kontratánc és a 10. számú *Allegro*).

Ludwig van Beethoven tizenhárom évesen már három tételes, igényes szonátákat jelentetett meg nyomtatásban, amelyeket a kölni választófejedelemnek ajánlott, ezért ma „Választófejedelem-szonáták"-ként tartják őket számon. A *Scherzando* a 3., D-dúr szonáta III. tétele.

Felix Mendelssohn-Bartholdy D-dúr variációi egy dúr- és egy moll-témára épülnek. (Joseph Haydn kedvelte különösen ezt a kéttémás variációs formát.) Az ifjú szerzőt 10 éves korától Carl Friedrich Zelter tanította zeneszerzésre, aki megismertette vele J. S. Bach műveit és a polifon szerkesztés fortélyait. Ezért már gyermekkori darabjai között is sok a fúga és a kánon, s a D-dúr variációkat (különösen a moll-részeket) is áthatja a polifon gondolkodásmód.

Liszt Ferenc fennmaradt gyermekkori műveiben is megmutatkozik már a zongoravirtuóz-zeneszerző egészen kivételes technikai tudása. Az egyetlen kivétel ez alól a Schubertet idéző, könnyű kis A-dúr keringő.

A kötetünkbe felvett két **Fryderyk Chopin**-polonéz a zeneszerző két legkorábbi fennmaradt zongoraműve; állítólag hét éves korában komponálta őket.

Pjotr Iljics Csajkovszkij egyetlen fennmaradt gyermekkori zongoradarabja az Anasztázia-keringő, amely egy családi nyaralás alkalmával, Oranienburgban keletkezett. A címben szereplő hölgy Anastasia Petrova, a Csajkovszkij-gyermekek nevelőnője volt.

Richard Strauss, az operái és szimfonikus költeményei révén híressé vált későromantikus osztrák zeneszerző fiatal korában sok zongoraművet is írt. Kötetünkben négy tánc (egy polka és három ländler) mellett a szerző két, Schumann hatását mutató rövid darabja kapott helyet.

Bartók Béla gyermekkori műveit édesanyja írta le több kottás füzetbe. Valamennyi kompozíció kiadatlan, az itt található négy darab most jelenik meg először nyomtatásban. A „Változó darab" érdekessége, hogy C-dúrban kezdődik és a-mollban fejeződik be – talán erre a „hangnemváltozásra" utal a cím. De az is elképzelhető, hogy valójában triós formáról van szó, vagyis hogy az a-moll rész után visszatér a C-dúr. A *Gabi Polka* Lator Gabriella, Bartókék nagyszőllősi szomszédjának legnagyobb lánya számára készült, akivel Bartók jó barátságban volt. A *Lajos Walczer* címzettje Rónay Lajos, egy besztercei házi újság szerkesztője.

A szögletes zárójelben közölt címek, előadási utasítások és a lábjegyzetben szereplő ossiák (általában technikai könnyítések) a közreadó javaslatai.

Péteri Judit

ALLEGRO
(1761)

Wolfgang Amadeus MOZART
(1756-1791)

MENUETTO
(1761)

W. A. MOZART

*) ossia: **) ossia:

Z. 14 773

MENUETTO
(1762)

W. A. MOZART

ALLEGRO
(1762)

W. A. MOZART

12

MENUETTO
(1761/62)

W. A. MOZART

MENUETTO
(1761/62)

W. A. MOZART

MENUETTO
(1763)

W. A. MOZART

14

MENUETTO
(1763)

W. A. MOZART

[CONTREDANSE]
(1764)

W. A. MOZART

Fine

Da Capo al Fine

*) ossia:

Z. 14 773

[ALLEGRO]
(1764)

W. A. MOZART

SCHERZANDO

Ludwig van BEETHOVEN
(1770-1827)

[THEME AND VARIATIONS]
(ca 1820)

Felix MENDELSSOHN-BARTHOLDY
(1809-1847)

*) ossia: **) ossia:

*) ossia:

WALZER
(1823)

LISZT Ferenc
(1811-1886)

Fine

Da Capo al Fine

POLONAISE
(1817)

Fryderyk CHOPIN
(1810-1849)

14

[Fine]

TRIO

Da Capo al Fine

POLONAISE
(1817)

F. CHOPIN

*) ossia: simile

TRIO

Da Capo al Fine

ANASTASIE-VALSE
(1854)

Pyotr Ilyich TCHAIKOVSKY
(1840-1893)

SCHNEIDER-POLKA
(1870)

Richard STRAUSS
(1864-1949)

Z. 14 773

[3 LÄNDLER]
(ca 1873)

I

R. STRAUSS

II

Z. 14 773

III

TWO LITTLE PIECES – ZWEI KLEINE STÜCKE
DEUX PETITS MORCEAUX – KÉT KIS DARAB

I
(ca 1875)

R. STRAUSS

II

LÄNDLER
(1891)

BARTÓK Béla
(1881-1945)

23

Fine

Da Capo al Fine

CHANGEABLE PIECE – VERÄNDERLICHES STÜCK
MORCEAU VARIÉ – VÁLTOZÓ DARAB
(1890)

BARTÓK B.

24

GABI POLKA
(1891)

BARTÓK B.

LAJOS WALCZER
(1893)

BARTÓK B.